AF371184

GÉNÉALOGIE

D'UNE BRANCHE DE LA MAISON DE CRÉQUY,

CONNUE SOUS LE NOM DE LE JEUNE,

Dans laquelle on ne parlera que des dix dégrés en ligne directe, prouvés par titres.

Nota. On ne citera point ici le BAUDOUIN DE CRÉQUY, surnommé LE JEUNE, ni le GUILLAUME LE JEUNE son troisieme fils, qui vivoit en [13]70. On ne parlera pas non plus de GUILLAUME & de BAUDOUIN LE JEUNE qui étoient employés dans les Comptes du Trésorier des Guerres, en [13]40 & 1341, pour raison des sommes que le Roi leur accordoit à l'occasion de leur retour de Bovines où étoit l'armée, en Artois où ils demeur[ent]. On observera seulement qu'ils portoient les noms de BAUDOUIN & de GUILLAUME, qui sont ceux de GUILLAUME LE JEUNE & de [BA]UDOUIN DE CRÉQUY, surnommé LE JEUNE.

1300.

VAUTIER LE JEUNE, franc-homme du Seigneur d'Erin & par conséquent possédant [f]ief relevant de lui. Il parut en 1326 en cette qualité dans un acte de vente que [fai]voit Baudouin de Lens, Seigneur d'Erin. Il fut requis d'apposer son sceau au bas [de] cet acte. On le voit encore aujourd'hui; il représente un créquier sans charge d'aucune [pièc]e, avec une simple bande de cadet.

[L]a veuve de Jacques le Jeune, Ecuyer, Seigneur d'Ambricourt en partie, rendit [aveu] en 1474 d'un fief au Seigneur d'Erin.

1340.

TASSART LE JEUNE, Procureur Général du Comté d'Artois, en 1377. Il scelloit d'un sceau qui représentoit un créquier chargé d'un petit écusson à deux faces de sable, tel qu'il s'est conservé jusqu'au pere du Comte de Créquy. Il épousa Jacotte Rumet, dont le frere avoit épousé *Damoiselle de Créquy*, suivant l'Histoire des Comtes de Ponthieu, page 801.

TASSART le Jeune, IIe du nom, *étoit à la bataille d'Azincourt, en 1415,* & possédoit *les fiefs d'Ambricourt & de Wacin.* Il avoit épousé, vers 1410, NOBLE DAMOISELLE *Catherine* Potel, d'une famille ancienne d'Artois (a). Ils eurent pour fils,

JACQUES le Jeune, *Ecuyer, Seigneur d'Ambricourt en partie*, avoit épousé *Jeanne de Tramecourt*, veuve en 1474, & possédante alors, comme tutrice de leur fils, *le même fief, appartenant à Watier le Jeune, en 1526, relevant de la Seigneurie d'Erin* (b). Ce dégré est pris d'après le travail même du sieur Chérin.

JEAN le Jeune, Ier du nom, *Ecuyer, servant sous & en la Compagnie de M. de Beanjeu,* (PIERRE de Bourbon, gendre de LOUIS XI) fit faire l'enquête de 1478, où il est dit *par cinq témoins, qu'il étoit descendu de par pere de la Maison de Créquy, dont il portoit encore les armes, &c.* épousa *Jeanne Sécard, Dame du Moulinet* (c), dont il eut,

JEANNET le Jeune, *fils naturel de Jacques le Jeune, Ecuyer,* servoit en 1474, *en qualité d'Homme d'armes, dans la Compagnie du Duc de Bourgogne* (d), *à ses frais & dépens.*

JACQUES le Jeune, *Ecuyer, Seigneur d'Ambricourt, en partie, suivant un aveu de 1494.*

JEAN le Jeune, IIe du nom, Commis à la recette des Tailles, obtint des Lettres de réhabilitation, & parut *comme Noble à l'arriere-ban de la Noblesse d'Anjou,* assemblée à Angers le 10 Avril 1557 (e). Il avoit épousé *Louise Tiphaine, Dame de Montfort* (f), de laquelle il laissa,

---

JEAN le Jeune, IIIe du nom, Seigneur de Bonnevau, du Pré, &c. *Enseigne de la Compagnie d'Antoine de Bourbon, Roi de Navarre* (Pere de HENRY IV,) avoit épousé en 1545, *Françoise* Foullon, *Dame du Pré* (g), de laquelle il eut,

---

JEAN le Jeune, IVe du nom, Chevalier, Seigneur de Bonnevau, du Pré, de la Furjoniere, &c. dit *le Capitaine de Bonnevau, Chevalier de l'Ordre du Roi avant 1604, Gentilhomme ordinaire de sa Chambre, Gouverneur pour Sa Majesté des Ville & Château des Ponts-de-Cé, Mestre de Camp d'un Régiment d'Infanterie* (h), servit avec distinction dans toutes les guerres de son temps. Il épousa en 1589 noble *Demoiselle Marie Ferjon* (i); de laquelle il laissa, entr'autres enfans,

---

JACQUES le Jeune, Chevalier, Seigneur de Bonnevau, Gentilhomme ordinaire de la Chambre du Roi, Lieutenant de la Venerie, *Capitaine de cent hommes au Régiment de Navarre, dit le Capitaine de Bonnevau,* mort sans alliance (k).

JEAN le Jeune, Seigneur de Bonnevau, *Page de LOUIS XIII,* Gentilhomme ordinaire de sa Chambre, Lieutenant de sa Venerie, *Capitaine au Régiment de Navarre,* mort sans enfans (l).

PIERRE le Jeune, Ier du nom, Chevalier, Seigneur de la Furjoniere. &c. après ses freres morts sans enfans, quitte l'état Ecclésiastique, & accompagna le Duc de Rohan, Gouverneur d'Anjou, aux Etats de Bretagne, en 1651 (m). Il laissa de noble *Dame* Eveillard, qu'il avoit épousé en troisiemes noces en 1642 (o), entr'autres enfans,

---

FRANÇOIS le Jeune, Ier du nom, Chevalier, Seigneur de la Furjoniere, &c., né en 1645, fut élevé *Page du Grand Condé, à côté duquel il combattit & eut un cheval tué sous lui.* Il entra depuis dans les Mousquetaires; & laissa de son mariage avec *Anne* Bascher, qu'il avoit épousé en 1666 (o), entr'autres enfans,

PIERRE-FRANÇOIS le Jeune, Seigneur de Bonnevau, *Chevalier de Saint-Louis,* LIEUTENANT-GÉNÉRAL D'ARTILLERIE, mort sans enfans. (Titres de famille.)

Charles le Jeune, *Chevalier de Saint-Louis,* LIEUTENANT-GÉNÉRAL D'ARTILLERIE, eut *deux fils tués au service.* (Titres de famille.)

JEAN le Jeune, Seigneur du Plessis, &c. LIEUTENANT GÉNÉRAL D'ARTILLERIE. (Titres de famille.)

PIERRE le Jeune, IIe du nom, Chevalier, Seigneur de la Furjoniere, du Plessis, &c., *Chevalier de l'Ordre Royal & Militaire de Saint-Louis, Lieutenant du Grand-Maître, & Commissaire ordinaire de l'Artillerie de France,* qu'il commanda en 1704; se trouva en 1706 au siege de Barcelone, & mourut, en la même année, d'une blessure qu'il y reçut (p). Il avoit épousé, en 1698, *Damoiselle Marie de Mousseaux* (q), de laquelle il eut entr'autres enfans,

---

FRANÇOIS le Jeune, IIe du nom, (*) *Chevalier, Seigneur de la Furjoniere, du Plessis, d'Aubigni, de la Beureliere, de la Bruyere, &c.* COMMISSAIRE D'ARTILLERIE; de son mariage, du 14 Juillet 1730, avec *Damoiselle Marie-Lancelotte-Philiberte-Renée* Richer de Neuville, Dame de la Beureliere (r), il eut quatorze enfans, & entr'autres ceux qui suivent,

(*) Reconnu Créquy par le feu Marquis de Créquy, *chef des noms & armes de la Maison.*

FRANÇOIS-LOUIS-[…]RIN, dit *le Comte [de] Créquy, Aide-Maréchal-Général des-Logis [de] l'armée en 1762, [Cheva]lier de Saint-[Lou]is, &c.*	CHARLES-PIERRE-PHILBERT-LOUIS, tué à l'affaire du Lac du Saint-Sacrement, en Canada, en 1756, étant alors *Lieutenant au Régiment de Languedoc.*	GASPART-HENRI-FRANÇOIS, mort, Abbé de Saint-Maur.	PIERRE-JEAN-MARIE, dit *le Baron de Créquy, Capitaine au Régiment de Vivarez,* a épousé Damoiselle de Prye, niece du Marquis de Prye, Chevalier des Ordres du Roi.	GODEFROI-PHILIPE-FRANÇOIS, dit *le Vicomte de Créquy, Major d'Infanterie, Chevalier de Saint-Louis.*	JEAN-BAPTISTE mort, *Capitaine au Régiment de Béarn.*	EUSTACHE, dit *l'Abbé de Créquy,* Vicaire-Général du Diocese de Lisieux.	FRANÇOIS-PHILBERT, dit *le Chevalier de Créquy, Lieutenant des Vaisseaux du Roi.*	FRANÇOISE-LANCELOTTE-LOUISE, Abbesse de l'Abbaye Royale de Saint-Desir.

Notes de marge (références) :
- Archives de la Comté [de] Saint-Pol.
- Registres de l'Abbaye Theuilloye.
- Titres de famille.
- Archives de la Comté [de] Saint-Pol.
- Titres de famille.
- Titres de la Comté [de] Saint-Pol.
- Titres de famille.
- Ibid.
- Ibid.
- Ibid.
- Ibid.
- Ibid.
- Ibid.
- Ibid.
- Ibid.

Nota. On peut juger par cette Généalogie de l'exactitude de celle que le Marquis de Créquy s'est chargé de composer à la branche des le Jeune. Il est prouvé que de tous les dégrés connus, il n'y en a eu qu'un seul qui n'ait pas eu l'honneur de servir son Prince.

*L*E *Marquis de Créquy a fait imprimer & plaider,*
que si le sieur Cherin lui eût dit que le Comte de
Créquy étoit son parent, il auroit couru l'embrasser.

Le sieur Cherin a fait un travail particulier sur
la généalogie du Comte de Créquy, d'après lequel
celui-ci est monté dans les Carrosses du Roi. Ce travail
a été envoyé depuis à MM. les Maréchaux de France.

Le Comte de Créquy croit devoir mettre sous les
yeux de ses Juges & du Public ce travail, sur
lequel il a formé le plan de sa défense. Le Lecteur
y trouvera littérallement écrits les sept principes qui
suivent.

PREMIER PRINCIPE.

Les enquêtes étoient, en 1478, la voie la plus ordinaire
pour prouver sa noblesse.

SECOND PRINCIPE.

La conformité des différens faits dont ont déposé les témoins entendus dans les deux enquêtes, ne permet de soup-
çonner ni leur probité, ni leur exactitude; &, dès-lors, on
leur doit confiance sur les autres faits dont ils ont déposé;
& dont on n'a point encore acquis de preuve littérale, à
moins qu'on n'en ait de contraires.

TROISIEME PRINCIPE.

Le changement de couleurs dans les armes étoit fréquent
en 1478, & il avoit été introduit pour distinguer les puînés.

QUATRIEME PRINCIPE.

Les armes dont le Comte de Créquy eſt en poſſeſſion, ſont ſemblables, à l'exception du petit écuſſon qui paroît être celui d'une alliance, aux armes de la Maiſon de Créquy.

CINQUIEME PRINCIPE.

Ces armes étoient dans la Maiſon du Comte de Créquy, 94 ans avant la premiere de ſes enquêtes; ce fait eſt prouvé par le ſceau de Taſſard le jeune, Procureur général du Comté d'Artois, *qu'on ne peut méconnoître pour ſon parent.*

SIXIEME PRINCIPE.

Ces armes ſont parlantes, & ſont ſeules préſumer l'origine de celui qui les portoit.

SEPTIEME PRINCIPE.

Les Prédéceſſeurs du Comte de Créquy avoient la même prétention que lui, il y a trois cens ans. Ils ont les armes de la Maiſon de Créquy depuis quatre cens. Ils ont eu leur établiſſemeut au milieu de ceux de la Maiſon de Créquy, & le Comte de Créquy eſt poſſeſſeur, de bonne foi, de tous ces avantages.

MÉMOIRE

Fait en Mai 1772.

DU SIEUR CHERIN,

Sur la production de MM. LE JEUNE DE CRÉQUY.

LA production de MM. le Jeune de Créquy est compo-
sée de titres originaux, ou d'expéditions en bonne forme, &
de copies dont ces Messieurs se font engagés de rapporter les
originaux *, avant que ce Mémoire soit envoyé à sa destina-
tion. C'est en les supposant revêtus des mêmes caracteres de
vérité que les autres, qu'on les y a employés.

** Les origi-
naux font pro-
duits aujour-
d'hui fous les
yeux de la
Cour.*

Cette production a deux objets : le premier, de prouver
que MM. le Jeune font issus par mâles de la maison de Créquy ; & le second, de remonter leur filiation & leur noblesse
à l'année 1399. On va examiner séparément chacun de ces
objets.

*Examen des preuves de la descendance de MM. le Jeune de la
maison de Créquy.*

MM. le Jeune ont pour septieme aïeul Jean le Jeune, né à
Ambricourt, village situé au Comté de Saint-Pol en Artois, à

*** Cette note
du sieur Cherin
n'est aujourd'hui
d'aucune considé-
ration, puisque les
originaux font
produits & non
contestés.*

Nota. ** On n'a point rapporté les originaux fur lesquels ont été prises ces copies.
On avertit que ces actes en copies font ceux des années 1433, 1473 & 1514.

On observe encore que le nom de le Jeune est écrit indifféremment dans les
titres, le Jeune, le Jone, le Josne, le Jouenne, & même le Jonle.

4

deux lieues de Créquy , lequel quitta sa patrie vers l'année 1457 , s'attacha d'abord à Charles Duc d'Orléans, avec lequel il demeura pendant quatre à cinq ans, puis à Pierre de Bourbon, Seigneur de Beaujeu, gendre du Roi Louis XI, le servit en qualité de Gentilhomme de son Hôtel , servit aussi dans les armées du Roi, & s'établit à Tours peu avant l'année 1478. Ce sujet , étranger dans cette ville, voulant y jouir des privileges de sa noblesse, la fit constater par deux enquêtes : *c'étoit alors la voie la plus ordinaire de la prouver* *. Ces enquêtes furent faites toutes les deux à Paris ; l'une devant des Notaires au Châtelet , les 26 & 27 Février de cette année , & l'autre devant les Commissaires nommés par les Elus de Tours le 14 Novembre 1485.

Les témoins de la premiere, au nombre de six, furent *un Gentilhomme*, qui avoit été, peu auparavant, Lieutenant de la Gouvernance d'Arras & des Elus d'Artois ; *un Ecclésiastique*, natif du lieu de Créquy ; un ancien Maire d'Arras ; un Marchand né à Pernes en Ternois, à trois lieues d'Ambricourt ; un Tapissier & un Marchand natifs d'Artois. Tous déposerent unanimement de la noblesse de Jean Lejeune, de celle de ses parens paternels & maternels. Les cinq derniers désignerent le lieu de sa naissance, & assurerent son émigration en France, son attachement au service du Duc d'Orléans, puis à celui du Seigneur de Beaujeu, *ainsi que ses services dans les armées*, comme on l'a dit ci-devant ; qu'ils avoient connu Taffart le jeune, son pere ; *qu'il étoit issu par lui de ceux de Créquy , dont il portoit alors les armes avec différence de couleurs seulement.* Deux de ces témoins , l'Ecclésiastique & le Gentilhomme , ajouterent, savoir le premier , qu'il avoit connu demoiselle Catherine Potel sa mere, native de la ville d'Hesdin, & le second, qu'il connoissoit depuis trente ans ceux du lignage & parentage des le Jeune d'Ambricourt, parens du même Jean le Jeune.

Dans la deuxieme enquête, fix autres témoins furent entendus, favoir, un Prieur d'un Monaftere de Champagne, élevé dans le voifinage d'Ambriçourt, âgé de 48 ans ; le Vicaire de la paroiffe des SS. Innocens à Paris, auparavant Curé dans la ville d'Arras, né dans un village d'Artois, diftant de deux lieues du même lieu d'Ambricourt, auffi âgé de 48 ans ; deux Gentilshommes d'Artois, âgés, l'un de 63 & l'autre de 58 ans ; & deux Marchands établis à Paris, dont l'un fe dit né à trois lieues d'Ambricourt, tous deux âgés de 36 ans. Ils dépofent, favoir,

Le premier, qu'il a connu dans fa jeuneffe « feu Euftace » le Jeune ; qu'il demeuroit à Ambricourt ; qu'il étoit réputé » noble & extrait de noble lignée, & qu'il vivoit en Gentil- » homme ; mais qu'il ignore fi le même Euftace & fes prédé- » ceffeurs fuivoient les guerres ; qu'il ne fait que par oui-dire » que Jean le Jeune eft fon fils ; qu'il ne connoît celui-ci que » depuis peu ; mais qu'il fait *qu'il eft l'un des Gentilshommes* » *de l'Hôtel de M. de Beaujeu, & qu'il y demeure* ».

Le fecond, qu'il a toujours oui dire que feu Euftace Lejeune demeuroit à Ambricourt ; que le même Euftace & fes freres, dont un fe nommoit Jacques, étoient nobles & réputés tels, vivoient noblement, & tenoient état de nobles ; *qu'il a vu de fon temps les mêmes freres, leurs coufins-germains & autres leurs parens, appellés aux armées de leurs Princes,* & fait auffi par oui-dire que Jean, fils dudit Euftace, demeure en l'hôtel de M. de Beaujeu, & qu'il le fert comme l'un de fes Gentilshommes.

Le troifieme dit feulement qu'il connoît Jean le Jeune, « qu'il eft depuis long-tems domeftique de M. de Beaujeu ,

» qu'il eſt tenu dans l'Hôtel de ce Prince pour Noble, iſſu
» de Noble race & lignée, & qu'il vit noblement, que ſes
» parens étoient Nobles & vivoient noblement, & qu'il
» a connu ſa ſœur, Religieuſe à l'Abbaye de Theulloye-
» lès-Arras.

Le quatrieme, qu'il a connu « Euſtace le Jeune qu'on
» diſoit pere de Jean le Jeune, qu'il vivoit noblement, &
» étoit réputé Noble.

Le cinquieme, qu'il connoît « Jean le Jeune depuis plus
» de ſeize ans, qu'il ſait qu'il eſt Gentilhomme, valet-de-
» chambre de M. de Beaujeu, qu'il demeure dans ſon Hô-
» tel, qu'il y eſt réputé Noble, extrait de Noble race &
» lignée, mais qu'il ne ſait rien de ſa Généalogie.

Le ſixieme & dernier enfin, déclare qu'il a connu « Euſ-
» tace le Jeune, *qu'il lui a oui dire qu'il avoit été à la ba-*
» *taille de Ruiſſeauville* » (*c'eſt la même qne celle d'Azir-*
court, qui ſe donna en 1415), « qu'il étoit Noble & réputé
» tel par les Nobles, qu'il vivoit noblement, tenoit fiefs
» fourbannie noblement, & qu'il ſervoit dans les Armées; qu'il
» connoiſſoit auſſi Jean le Jeune, qu'il ſait qu'il eſt fils du mê-
» me Euſtace, qu'étant jeune il l'a vu dans la maiſon de ſon pere,
» *qu'il a auſſi vu le frere du même Jean, autre fils d'Euſtace,*
» *porter des armes qu'on diſoit être de l'Oſtel de Créquy* ».

Après la confection de cette Enquête, le même Jean le
Jeune déclara devant les Commiſſaires qui l'avoient reçue,
qu'il avoit un neveu nommé Jeannet le Jeune, demeurant
alors à Ambricourt, fils de feu Huc le Jeune, ſon frere
germain.

On obſerve que les témoins de ces deux Enquêtes dépo-
ſent conformément ſur Jean le Jeune, c'eſt-à-dire, ſur ſa
Patrie, ſur ſes emplois, ſur ſa Nobleſſe, & ſur celle de ſes

parens, & que ceux de la derniere se bornent à prononcer sur les faits dont ils doivent être naturellement instruits, relativement à leurs âges, à leurs états & à leurs domiciles. On va prouver que plusieurs de ces faits sont conformes à ceux qui sont établis par d'autres titres.

On voit par ces Enquêtes & par la Déclaration qui suit la derniere, qu'Eustace ou Taffart le Jeune demeuroit à Ambricourt, *qu'il tenoit fiefs & fourbannier noblement*, qu'il avoit plusieurs freres, dont un se nommoit Jacques, & deux fils, l'un nommé Hue, & l'autre Jean, (c'est celui qui quitta l'Artois vers 1457), & un petit-fils nommé Jeannet.

Or, des actes de 1433 & 1437, apprennent qu'un Taffart le jeune demeuroit à Ambricourt, & qu'il possédoit nn fief & divers biens dans les environs. Un autre acte de l'année 1473, fait connoître un Jacques le Jeune, *Ecuyer, Seigneur en partie d'Ambricourt*, mort depuis peu, & un Hue le Jeune, demeurant au même lieu, & possesseur d'un fief situé dans son territoire. Enfin dans un autre acte de 1514, on voit un Jean le Jeune, qui se dit petit-fils de Taffart le Jeune vivant en 1433. Pour rendre plus sensibles ces divers objets de comparaison, on va mettre sous les yeux du lecteur, deux tables Généalogiques dressée l'une sur ces Enquêtes & Déclaration, & l'autre sur les actes qu'on vient d'énoncer.

<table>
<tr><td colspan="2">

TABLE GÉNÉALOGIQUE dreſſée ſur les enquêtes de 1478 & 1485, & ſur la Déclaration qui ſuit la derniere.

</td><td colspan="2">

TABLE GÉNÉALOGIQU[E] dreſſée ſur quatre titres, des anné[es] 1433, 1437, 1473 & 1514 communiqués par MM. LE JEUNE D[E] CRÉQUY.

</td></tr>
<tr><td colspan="2">N . . . .</td><td colspan="2">N . . . .</td></tr>
<tr>
<td>

Jacques le Jeune.

</td>
<td>

Euſtace ou Taſfart le Jeune, demeurant à Ambricourt, ayant fiefs & *ſourbannier*.

</td>
<td>

N . . . . . le Jeune.

</td>
<td>

Jacques le Jeune, Ecuyer, *Sieur d'Ambricourt en partie*, mort peu avant le 14 Février 1473.

</td>
<td>

Taſſart le Jeune[,] demeurant à Ambr[i]court, poſſeſſe[ur] d'un fief à Werchi[n] en 1433 & d'héri[]tages à Blainſel e[n] 1437.

</td>
</tr>
<tr>
<td>

Hue le Jeune.

</td>
<td>

Jean le Jeune.

</td>
<td colspan="2">

Hue le Jeune, demeurant à Ambricourt & poſſeſſeur, le 14 Février 1473, d'u[n] fief ſçis au même lieu, & de biens au[x] environs.

</td>
</tr>
<tr>
<td colspan="2">

Jeannet le Jeune, demeurant à Ambricourt.

</td>
<td colspan="2">

Jean le Jeune, Poſſeſſeur d'un fief [à] Werchin, dont il dit en 1514 que Taſſar[t] le Jeune, ſon grand-pere, a fait le rappor[t] en 1433.

</td>
</tr>
</table>

[*] Second principe. *La conformité de ces divers faits établie* *, *on ne peut ſoupçonner ni l'exactitude, ni la probité des témoins des Enquêtes, & dès-là on leur doit de la confiance pour les autres faits qu'ils ont dépoſés, & dont on n'a point encore acquis de preuve littérale, à moins qu'on en ait du contraire.* Il a été néceſſaire pour prouver cette conformité, de rapporter dans les extraits de ces Enquêtes des détails étrangers à l'origine de MM. le Jeune.

Voyons

Voyons comment ces témoins s'expriment fur ce fait particulier. Cinq d'entre ceux de la premiere dépofent, 1°. que
Jean le Jeune *eſt iſſu par ſon pere de ceux de Créquy*, &
2°. *qu'il en porte les armes* avec différences des couleurs, (*le
changement des couleurs dans les armes* * *étoit fréquent alors,
il avoit été introduit pour diſtinguer les puínés*) ; un de la   * IIIᵉ PRINCIPE.
feconde dit qu'il a vu le frere du même Jean *porter des ar-
mes* qu'on dit être *dépendant des armes de l'Oſtel de Créquy.*
On n'a point de preuves littérales de la premiere de ces
aſſertions ; mais il n'en eſt pas de même de la feconde, &
il eſt certain * *que ces armes étoient dans la famille de Jean*   * Vᵉ PRINCIPE.
*le Jeune, quatre-vingt-quatorze ans avant la premiere de ces
Enquétes. On a un ſceau d'un Taſſart le Jeune, Procureur
Général du Comté d'Artois, qu'on ne peut méconnoître
pour ſon parent, comme il ſera dit ci-après.* Ce ſceau qui
eſt attaché à un acte de 1384, repréfente un Créquier dont
la premiere feuille à droite eſt chargée d'un petit écuſſon ;
il eſt femblable *, *à l'exception de ce petit écuſſon, à ceux des*   * IVᵉ PRINCIPE.
*armes de la maifon de Créquy. Cet écuſſon paroît être celui des
armes d'une alliance.*

On obferve encore que les caracteres de bonne foi des
témoins des deux enquêtes, fe retrouvent dans la conduite
de Jean le Jeune qui les a fait faire. Il n'avoit d'autre intérêt
que de prouver fa nobleſſe ; s'il eût eu intention de s'enfou-
cher fur une famille étrangere, il n'eût pas choifi celle de
Créquy, l'une des plus confidérables d'Artois, dont il exif-
toit un nombre des fujets intéreſſés à empêcher cette ufur-
pation, ou, fi malgré ces inconvéniens, il eût médité ce
projet, il en eût pris le nom : car quoique *ces armes* *, *qui*   * VIᵉ PRINCIPE.
*font parlantes, fiſſent feules préfumer l'origine de celui qui
les portoit;* il étoit de fon intérêt de fortifier cette préfomp-

tion par le port du nom ; ce nom fe fût perpétué dans fa poftérité ainfi que les armes. C'eft ce qu'il n'a pas fait, il a continué à porter le nom de le Jeune, ainfi que fes peres & les armes de Créquy : fes defcendans ont fait de même, & ce n'eft que depuis peu de temps que MM. le Jeune, à la vue des deux Enquêtes vifées dans diverfes Sentences & jugemens rendus en faveur de leurs ancêtres depuis près de trois cens ans, ont pris le nom de Créquy.

On objeɛtera en vain que l'éloignement de la Province de Touraine, où Jean le Jeune demeuroit, de l'Artois où la maifon de Créquy avoit fes établiffemens, étoit favorable à fes deffeins ; puifqu'en fuppofant que les fujets de la maifon de Créquy vivans en 1478 & 1485, n'euffent eu aucune connoiffance des dépofitions faites alors fur l'origine de Jean le Jeune ; au moins, il eft peu croyable que ceux qui vivoient en 1384, euffent ignoré que Taffart le Jeune qui vivoit alors en Artois, & qui y poffédoit une charge confidérable, portoit leurs armes, & *faifoit préfumer par-là qu'il avoit une origine commune avec eux.*

Après avoir rapporté ce qu'il y a de plus favorable à l'origine de MM. le Jeune, *de la maifon de Créquy*, on ne doit pas taire que le défaut de titres, & le filence de ceux qu'ils ont produits pour les temps antérieurs à l'année 1478, donnent lieu à des objeɛtions contre cette origine. On va les préfenter dans toute leur force.

Il eft certain que fi MM. le Jeune font iffus de la maifon de Créquy, comme l'annonce l'Enquête de 1478, leur jonction à cette maifon doit être antérieure au commencement du quatorzieme fiecle ; cela fera prouvé ci-après : or depuis cette époque, jufqu'en 1478, on ne trouve aucun aɛte qui énonce cette origine ; ce n'eft qu'après cent cinquante

ans au moins que des étrangers à cette maison l'atteſtent.
Mais quelle eſt la baſe de leur témoignage ? Ne ſeroit - ce
point les armes que Jean le Jeune portoit alors, & qu'un
ſujet de ſa famille portoit quatre-vingt-quatorze ans auparavant ? Seroit-ce une tradition ? Mais une tradition ne peut être
admiſe en preuve d'un fait de cette eſpece, au moins ſans
le concours de quelques titres *. On a un nombre d'exemples
de traditions ſans fondement, & détruites par les titres ; on
ne peut dire que ces témoins ont été inſtruits par des titres,
puiſqu'ils n'en citent point.

On doit ajouter que depuis 1485, juſqu'à ces derniers tems,
on ne trouve ni dans Jean le Jeune, ni dans ſes ſucceſſeurs,
aucune trace du ſouvenir de leur origine de la maiſon Créquy,
ni de liaiſon avec cette maiſon, à l'exception des armes.

Il réſulte de ces obſervations qu'on ne doit prononcer af-
firmativement ſur la deſcendance de MM. le Jeune, de la
maiſon de Créquy, qu'avec le ſecours de nouveaux titres *;
mais *que leurs prédéceſſeurs avoient cette prétention il y a
près de trois cens ans, qu'ils en portoient déja les armes près
de cent ans avant *, qu'ils avoient leurs établiſſemens au mi-*

> * Cette conſé-
> quence eſt diamé-
> trallement oppo-
> ſée à celle que
> l'on devoit tirer
> des principes ci-
> deſſus cités, c'eſt
> ce qui a été dé-
> montré dans les
> plaidoieries.

> *VIIe Principe.

---

* Le ſieur Chérin, en ſa qualité de Généalogiſte des Ordres du Roi, ne peut donner de certi-
ficats à ceux qui aſpirent à monter dans les Carroſſes du Roi, ou que Sa Majeſté honore du
Collier de ſes Ordres, qu'autant qu'on établit chacun de ſes degrés de Nobleſſe ſur un certain
nombre de titres de la qualité requiſe en pareil cas. Il n'eſt donc pas étonnant que ceux qui lui
avoient été remis par le Comte de Créqui ne lui aient pas paru ſuffiſans. Comme Généalogiſte,
il rend compte au Roi des titres produits, & n'a pas le pouvoir de juger ſi, d'après les circonſtances dans leſquelles on s'eſt trouvé, on peut être diſpenſé d'en produire. C'eſt aux Tribunaux
ordinaires que ce droit appartient ; les Tribunaux jugent d'après le vœu des Loix ; chaque queſtion
doit être décidée ſuivant celles qui exiſtoient aux époques où elles ſont nées. La preuve teſtimoniale étoit la maniere la plus ordinaire d'établir ſon état, en 1478, ſuivant le ſieur Chérin lui-
même. La ſeule queſtion à juger eſt donc de ſavoir ſi les enquêtes de 1478 & 1485, ſont concluantes.
Il eſt encore de principe aujourd'hui que la preuve teſtimoniale eſt admiſe dans toutes eſpeces
de circonſtances, quand on n'a pu ſe procurer une preuve littérale, ou qu'on a perdu celle qu'on
avoit acquiſe. Or les Lettres Patentes données par Louis XI à Jean le Jeune, prouvent que ſes
biens ont été pillés par les Gens de guerre. Il eſt donc diſpenſé, à double titre, de repréſenter
d'autres pieces que ſes Enquêtes.
S'il a été aſſez heureux pour en retrouver ; s'il prouve aujourd'hui, par titres authentiques, que
ſa branche a poſſédé, en 1450 au plus tard, une Terre qui avoit appartenu à Enguerrand de Créquy
dit le Begue, qualifié de Seigneur d'Embricourt, & mort ſans enfans en 1397, ces nouveaux titres
ajouteront aux preuves qu'il avoit déja, & que tous les Tribunaux poſſibles euſſent accueillies,
puiſque la Loi elle-même en eût été ſatisfaite.

lieu de ceux de cette maison, comme on va le prouver ; &
qu'eux-mêmes sont possesseurs ae bonne foi de ces avantages.

EXAMEN des preuves de la filiation de Messieurs le Jeune
de Créquy.

Messieurs le Jeune de Créquy prétendent, comme on l'a
dit, prouver leur filiation depuis l'année 1389.

On trouve à cette époque un nombre de sujets du nom de
le Jeune, vivans à Ambricourt & dans les lieux voisins, y possédans des Fiefs & des Domaines relevans des mêmes Seigneurs,
& paroissans dans les mêmes actes. Cette identité de domicile,
de possessions, de vassalité, jointe à celle du nom, ne permet
pas de douter que tous ses sujets ne fussent parens ; mais comme
ils ne sont point dits freres, & qu'ils pouvoient n'être que cousins
germains ou même issus de germains, leur chef commun n'a
dû vivre au plutôt qu'au commencement du quatorzieme
siecle. On ne peut méconnoître pour leurs descendans d'autres sujets du même nom, & vivans dans le siecle suivant,
& possédans les mêmes biens ; mais comme on n'a sur eux
que peu d'actes où ils ayent stipulé, & qu'ils ne sont la plu-
part que rappellés comme arriere-vassaux dans des dénom-
bremens, on ne peut former entr'eux que des liaisons incer-
taines. Ce qui paroît le plus vraisemblable, *est qu'ils ont pour*
chef un Guillaume le Jeune, mort dès l'année 1389. On
trouve ensuite un Tassart le Jeune, nommé dans un dénom-
brement donné la même année de la Seigneurie de Rollencourt,
(à deux lieues d'Ambricourt) comme possesseur d'un bois te-
nant à cette Seigneurie, & dans un aveu de celle de Werchin,
(près du même lieu d'Ambricourt) de l'année 1393, comme
possesseur d'un Fief qui en relevoit. On doit placer ici Tassart
le Jeune, Procureur-Général du Comté d'Artois, qui en 1384
donna une quittance d'un quartier de pension qu'il tenoit du Duc

de Bourgogne, & la fcella de fon fceau, chargé d'un Créquier , dont la premiere feuille à droite foutient un petit écuffon. L'identité de nom, de furnom & de domicile de ces deux fujets, jointe à la chronologie, fait préfumer qu'ils étoient proches parents, peut-être même que ces trois actes ne concernent qu'un feul individu. Quoiqu'il en foit, il eft certain que Taffart, nommé dans les deux premiers, eut pour fucceffeur dans les Fiefs & Biens fitués dans les Seigneuries de Rollencourt & de Werchin un autre Taffart le Jeune, demeurant à Ambricourt, fuivant des actes des années 1433 & 1437; mais on ignore le degré de parenté qui étoit entr'eux. Ce dernier eft le même que Taffart ou Euftace le Jeune pere de Jean feptieme, *Ayeul de Meffieurs le Jeune de Créquy.* La preuve de cette filiation devient fenfible par le rapprochement de quelques-uns de leurs titres, des deux enquêtes rapportées ci-devant & de la déclaration mife à la fuite de la dernière. On a déja fait cette opération, on va la rappeller ici avec plus d'étendue.

Taffart le Jeune, d'Ambricourt, nommé comme poffeffeur de Fiefs dans ces enquêtes & déclarations, qui étoit mort avant la confection de la premiere, & qui, fuivant la dépofition d'un témoin de la feconde, s'étoit trouvé à la Bataille d'Azincourt ou de Ruiffeauville en 1415, avoit un frere nommé Jacques, deux fils nommés Hue & Jean, & un petit-fils nommé Jeannet. Or, il ne peut être différent de Taffart le Jeune, d'Ambricourt, poffeffeur en 1433 d'un Fief fis à Werchin, qui étoit contemporain d'un Jacques le Jeune, demeurant auffi à Ambricourt, mort peu avant 1473, pere d'une Religieufe à la Theulloye, qui eut pour fucceffeur dans ce Fief, fitué à Werchin, un Hue le Jeune, demeurant à Ambricourt la même année 1473, & un petit-fils nommé Jean le Jeune, vivant en 1514. On ne peut donc douter que la filiation que Meffieurs le Jeune de Créquy ne foit remontée par titres à l'année 1433. Il eſt également certain que les ſujets ont vêcu au-delà de cette époque, qui ont porté le même nom, & qui ont poſſédé les mêmes biens, leur appartiennent; mais qu'on n'a pas aſſez de titres pour établir les dégrés de parenté qui ſont entr'eux.

On doit auſſi donner plus d'étendue à une obſervation qu'on a déjà faite ſur les titres produits par Meſſieurs le Jeune de Créquy; c'eſt qu'il y en a très-peu dans leſquels les ſujets ſtipulent eux-mêmes. Taſſart le Jeune, qu'on appelle ici premier du nom, & quatre autres ſujets du même ſurnom, ſes parens & ſes contemporains, ne ſont que rappellés dans ceux qui les font connoître. Taſſart, pere de Jean, ſtipule dans un ſeul de l'année 1433; Jacques, qui eſt dit ſon frere dans l'enquête de 1485, & qui étoit ſans doute le même que Jacques qui demeuroit à Ambricourt, ſuivant un acte de 1473, n'eſt que rappellé comme mort dans ces deux actes: Hue le Jeune, fils du même Taſſart, ſtipule dans un ſeul, & il en eſt de même d'un Jean, fils de Hue. On ne rappelle ici que les actes qui ſont prouvés appartenir à ces divers ſujets. On remarque encore que les titres produits, tant ſur ceux-ci, que ſur leurs Collatéraux, ne leur donnent aucune qualification avant l'année 1422, & que depuis cette époque, il n'y en a qu'un très-petit nombre qui leur donne celle d'Ecuyer; mais on doit auſſi remarquer que ce défaut de qualification leur eſt commun avec pluſieurs ſujets de Maiſons conſidérables d'Artois, qui ſont rappellés avec eux dans les mêmes actes.

On voit par cet expoſé que Meſſieurs le Jeune de Créquy prouvent l'exiſtence de leur famille depuis 1384, que Taſſart le jeune, leur chef certain, ſe trouva à la Bataille d'Azincour en 1415, ſuivant la dépoſition de l'un des témoins d'une enquête de 1485, mais qu'ils n'établiſſent leur filiation par titre que depuis l'année 1433.

SUPPLÉMENT* au Mémoire sur la Production de MM. LE JEUNE DE CRÉQUY.

RECUEIL de quelques exemples de Traditions d'origine sans fondement.

Histoire des Grands-Officiers de la Couronne, T. 6, p. 403 & suivantes.

GÉNÉALOGIE DE JOUVENEL DES URSINS.

» JEAN JOUVENEL, natif de Troyes, vivoit en 1360 ; il fut
» pere de Jean Jouvenel, d'abord Conseiller au Châtelet,
» ensuite Avocat du Roi au Parlement, fut élu en 1388 Pré-
» vôt des Marchands de la ville de Paris. La Ville de Paris
» lui donna l'Hôtel des Ursins, ce qui peut avoir servi pour
» ajouter à son nom celui des Ursins dont il prit les armes. Il
» fut pere de plusieurs enfans, & entr'autres de Jean Jouvenel
» des Ursins, Evêque de Beauvais, puis de Laon, & enfin
» Archevêque & Duc de Reims, Pair de France. On lui attri-
» bue l'idée qu'il étoit descendu de la Maison des Ursins.

Histoire de la Maison de Dreux, par du Chesne, p. 37.

Fragment de Généalogie de BEAUMÈS.

» Robert de Beaumès fut nourri à la Cour de Pierre de
» Dreux, dit Mauclerc, Duc de Bretagne, son cousin, à rai-
» son de quoi on le surnomma de Bretagne. Il print femme
» en la même Province, de laquelle il procréa deux fils, à
» savoir Raoul & Thomas de Beaumès, dits de Bretagne,

* Ce Supplément a été fait après coup : on y a eu pour objet d'affoiblir tout ce qu'on avoit été obligé d'avouer précédemment. Le Comte de Créquy cependant le fait imprimer, pour prouver au Public que sa délicatesse & son exactitude vont jusqu'à lui faire produire ce que son adversaire seul peut désirer que l'on connoisse. D'ailleurs, tous ces exemples, étrangers à sa Maison, ne peuvent avoir la plus légere influence sur la décision de sa cause.

Cabinet de l'Ordre du Saint-Esprit.

Arrêt du Grand-Conseil du Roi, du 17 Septembre 1462 ; entre Louis d'Amboife, Vicomte de Thouars, & Françoife d'Amboife fa fille , veuve de Pierre, Duc de Bretagne , mort pendant l'inftance ;

Dans lequel font ces mots : » le Duc & la Ducheffe difoient » que jà foit que le Vicomte fut extrait de noble & ancienne » Maifon & iffu de notre lignée (c'eft le Roi Louis XI qui » parle) & Maifon de France , &c.

Cabinet de l'Ordre du Saint-Efprit, vingt-feptieme Regiftre Criminel du Parlement de Paris.

Entre Matthieu d'Efcouchy , Prevôt de Ribemont , & Charles de Sainte-Maure , Chevalier , Seigneur de Neelle , défendeur ;........ Berrier pour le défendeur dit : « *Qu'il eft* » *notable homme*, *iffu de la Maifon de France* , & *des Comtes* » *de Soiffons.* »

Hiftoire des Grands Officiers de la Couronne T. 8. p. 30.

Généalogie de Lens.

« Gilles Baftard de Lens , dit l'Efclave, vivant vers 1318 , » fut pere de Taffart de Lens , & ayeul de N.... de Lens, » dite d'Annequin, femme d'Elie d'Aix , Seigneur d'Aix en » Gohelle , dont les defcendans ont pris le nom & les armes » de Lens. »

Defcription du Diocèfe de Paris, par M. l'Abbé le Bœuf, T. 4 ; p. 233 & 234.

Charles d'O , mort en 1584, enterré à Baillay, en France, « eft dit, dans fon épitaphe, defcendu, en premiere origine, » de la Maifon de Bretagne , & fa femme, du nom de l'Hof- » pital-Vitry, dite defcendue, en premiere origine , des » Ducs de Milan & de Naples. »

Mercure Galant , Septembre 1678, p. 171.

Eloge de la Maifon de Ligne-Aremberg.

« Les Princes d'Aremberg font , depuis 800 ans , defcendus » ou alliés des Rois & des plus confidérables Princes de » l'Europe. Cet Empereur (Ferdinand) ajoute même qu'ils » defcendent de Charlemagne. »

On pourroit mettre ici plufieurs autres exemples , mais on fe borne à ceux ci-deffus.

Délivré par nous , Généalogifte & Hifloriographe des Ordres du Roi , en exécution d'ordres fupérieurs , fur la minute confervée au Cabinet de l'Ordre du Saint Efprit. A Paris , ce quatrieme jour du mois de Juillet l'an mil fept cent quatre-vingt.

CHÉRIN.

Me DEBONIERES, Avocat.

A PARIS, chez P. G. SIMON, Imprimeur du Parlement, *rue Mignon Saint André-des-Arcs.* 1780.